VENTE

du Mercredi 19 Avril 1905

Hôtel Drouot, Salle n° 8.

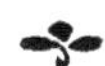

ESTAMPES

Anciennes et Modernes

Dessins et Aquarelles

TABLEAUX

MINIATURES — RELIURES

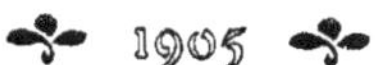

Commissaire-Priseur :

M. M. DELESTRE

Expert :

M. P. ROBLIN

CATALOGUE
D'ESTAMPES

Anciennes et Modernes

DES ÉCOLES ANGLAISE ET FRANÇAISE

DESSINS, AQUARELLES

DES XVIIe, XVIIIe ET XIXe SIÈCLES

TABLEAUX

DESSINS DE VITRAUX par STEPHEN **MARTIN**

MINIATURES ANCIENNES

par J.-B. Isabey, Singry, Delaplace, etc.

ALMANACHS

RELIURES

DONT LA VENTE AUX ENCHÈRES PUBLIQUES AURA LIEU

Hôtel des Commissaires-Priseurs, rue Drouot, No 9

Salle No 8

Le Mercredi 19 Avril 1905, à deux heures.

Commissaire-Priseur :
Me MAURICE DELESTRE
5, Rue Saint-Georges.

Expert :
M. PAUL ROBLIN
65, Rue Saint-Lazare.

PARIS 1905

CONDITIONS DE LA VENTE

Elle sera faite au comptant.

Les acquéreurs paieront *dix pour cent* en plus des prix d'adjudication.

Dans l'intérêt de la vente, Me Paul ROBLIN se réserve la faculté de rassembler ou de diviser les lots.

DÉSIGNATION

ESTAMPES

Anciennes et Modernes

ALIX (P. M.)

1. *Lavoisier*. Ovale in-4.

   Très belle épreuve en couleur, avant toutes lettres.

2. *Malesherbes* (Lamoignon de). Ovale in-4.

   Très belle épreuve imprimée en couleur, avant la lettre.

3. *Bossuet*. — *Condillac*. — *Corneille* (P.). — *Descartes*. — *Voltaire*. Cinq portraits ovales in-4.

   Belles épreuves imprimées en couleur.

AMOROSO (d'après)

4. Boys and Birds nest. — Girls and Chikens. Deux pièces faisant pendants, par Walker.

BARTOLOZZI (Fr.)

5. Children at play. — Cupid's at play. Deux pièces en médaillon imprimées à la sanguine, d'après Cipriani.

BARTOLOZZI (Fr.)

6. Ophélia, d'après James Nixon. Ovale imprimé en bistre. Cadre ancien ovale en bois sculpté.

7. Sorrows of Werter. Deux pièces faisant pendants, d'après Ramberg.

8. Vertumne et Pomone. — Zéphire et Flore. Deux pièces faisant pendants, d'après Coypel.

Très belles épreuves imprimées en couleur avec encadrement rehaussé d'or.

BARTOLOZZI et HAMILTON

9. Jeux d'enfants. Trois pièces en bistre et en couleur.

BAUDOUIN (d'après P. A.)

10. Les Amants surpris, par P. P. Choffard.

Epreuve sans marges.

11. L'Amour frivole, par Beauvarlet.

Belle épreuve sans marges.

12. Le Carquois épuisé, par N. Delaunay. (Ancienne réimpression).

13. Les Soins tardifs, par N. Delaunay.

Belle épreuve, grandes marges

BIGG et SINGLETON (d'après)

14. The Parent restar'd on the Blessings of Peace. — The Curate of the Parish Return'd Fron Duty. Deux pièces par Fabris et Zaffonato.

BLOT (M.)

15. Monseigneur le Dauphin et Madame, fille du Roi, d'après Madame Vigée Le Brun.

Belle épreuve, une partie de la marge du bas a été coupée.

BOILLY (d'après L.)

16. L'Amour couronné. — L'Optique. Deux pièces faisant pendants, gravées par Cazenave.

Belles épreuves sans marges.

17. Le Bouquet chéri, par Alex. Chaponnier.

Epreuve avec marges.

18. La Douce résistance, par Tresca.

Belle épreuve, les noms d'artistes tracés à la pointe, marges.

19. L'Evanouissement, par Tresca.

Epreuve avec marges.

20. Leçon d'amour conjugal, par Petit.

Epreuve sans marges.

21. On nous voit, par Petit.

22. L'Optique, par Cazenave.

Très belle épreuve avant la lettre, le nom de l'artiste tracé à la pointe ; petites marges.

23. Les Petits Soldats, par J. M. Gudin.

BONNET (L. M.)

24. Bazile et Laurette. — Bazile et Luzy. Deux pièces faisant pendants, d'après Aubris.

BOREL (d'après A.)

25. Le Don intéressé. — La Morale inutile. Deux pièces faisant pendants, par E. Voysard.

BOUCHER (d'après Fr.)

26. L'Education de l'Amour, par Demarteau. Sanguine.

27. Petit paysan. — Paysanne et son chien. Deux pièces, imitation de crayon, sur papier bleu.

BRIARD (d'après)

28. Le Devin de village, par Jourd'heuil.

CANOT (d'après)

29. Le Souhait de la Bonne année au grand'papa, par J. Ph. Le Bas.

Belle épreuve, sans marges.

CARESME (d'après Ph.)

30. Bacchus préside à la Fête, par Janinet.

Epreuve imprimée en couleur.

CHEVAU (d'après)

31. Le Repos, par J. B. Louvion.

Belle épreuve imprimée en couleur, sans marges.

COCHIN LE FILS (d'après C. N.)

32. *Louis XV*. Monument érigé par la ville de Reims en 1765, par Moitte. In-fol.

COLLIN (d'après)

33. La Jeunesse. — L'Age mûr. Deux pièces faisant pendants, gravées par Heu.

Belles épreuves imprimées en couleur.

CHAPUY (J.-B.)

34. Vue perspective du Champ de Mars.

Epreuve imprimée en couleur, d'après Le Roy.

DEBUCOURT (L. P.)

35. Intérieur d'une salle à manger, d'après Drolling.

Epreuve coloriée (reproduction).

DESCOURTIS

36. Vue des Tuileries du côté du pont Tournant, d'après Demachy.

Belle épreuve imprimée en couleur.

ECOLE ANGLAISE

37. *Kneller* (God.). In-4, à la manière noire.

38. Susan and Osmund et son pendant. Deux pièces imprimées en couleur, sans marges.

ECOLE FRANÇAISE

39. Le Maréchal ferrant.

Epreuve imprimée en couleur, sans marges.

EDELINCK (G.)

40. *Léonard* (Fréd.), de Bruxelles. In-fol. d'après H. Rigaud.

FRAGONARD (Honoré)

41. L'Armoire 1778. (P. de B. 2). Très belle épreuve du 2e état avec l'adresse de Naudet.

Grandes marges.

FRAGONARD et LEPRINCE (d'après)

42. Dites-donc, s'il vous plaît. — L'Enfant chéri. Deux pièces par N. de Launay.

FRAGONARD (d'après H.)

43. La Bonne Mère. — Le Serment d'amour. Deux pièces par Delaunay et Mathieu.

GERARD (d'après Mlle)

44. Je m'occupais de vous, par G. Vidal. Au verso se trouve imprimé *Le présent*, des mêmes artistes.

GLAIRON-MONDET

45. La Conversation Flamande, d'après Jean Le Duc.
   Epreuve imprimée en couleur.

GREUZE (d'après J.-B.)

46. La Dévotion de la famille au logis, gravé à la manière noire par Haid.

47. Le Geste napolitain, par P. E. Moitte.
   Belle épreuve.

GUYOT

48. Le Gagne-petit, d'après Wendell.
   Ovale, imprimé en couleur.

49. Le Soir. — Clermont-en-Surry. — Vue prise derrière Charleton house.
   Trois pièces ovales, imprimées en couleur.

HAMILTON (d'après)

50. Sujets d'enfants.
   Deux petites pièces ovales imprimées en bistre.

HELLEU

51. Jeune femme, la tête appuyée sur les deux mains. Pointe sèche.

52. Jeune femme assise, la tête appuyée sur une main. Pointe sèche.

HUET (d'après J.-B.)

53. Le Départ d'une foire. - Le Marchand de poisson. Deux pièces faisant pendants, gravées par Jubier.

Epreuves imprimées en couleur, cadres anciens.

LAVREINCE (d'après N.)

54. Le Billet doux. — Qu'en dit l'abbé. Deux pièces faisant pendants, gravées par N. Delaunay.

Belles épreuves, petites marges.

55. Le Déjeuner anglais, par Vidal.

Epreuve en couleur de la reproduction.

56. Les Nymphes scrupuleuses, par Vidal.

Epreuve sans marge.

LE CŒUR

57. Les Chagrins de l'enfance, d'après Mouchet.

Très belle épreuve imprimée en couleur, petites marges.

LE PRINCE (d'après J.-B.)

58. Le Marchand de Lunettes. — Le Médecin clairvoyant. Deux pièces faisant pendants, gravées par Helman.

Belles épreuves avant la dédicace.

LOUIS XVI (Pièces sur)

59. Portrait de Louis XVI, ovale in-8, gravure au pointillé.

Epreuve avant la lettre, cadre en bois sculpté.

60. *Provence* (Comte de). — *Elisabeth de France.* Deux portraits in-4; le premier est avant la lettre.

61. Dernière entrevue de Louis XVI avec sa famille dans la Tour du Temple, le 20 janvier 1793. In-fol. en larg.

MORLAND (d'après G.)

62. Dancing dogs. — Ginea pigs. Deux pièces faisant pendants, gravées par Levilly.

Belles épreuves imprimées en couleur.

NAPOLÉON (Pièces sur)

63. Les Adieux de Fontainebleau. In-fol. en larg., gravé à la manière noire, par E. M. W.

NAPOLÉON (Pièces sur)

64. Les Adieux de Fontainebleau. In-fol. en largeur par Jazet d'après H. Vernet. On y a joint le trait explicatif. Deux pièces.

OLIVIER (d'après)

65. Vues de l'Ile Barbe. Deux pièces faisant pendants, coloriées, sans marges.

PARIS (Pièces sur)

66. Vue générale de Paris, prise de Ménilmontant. In-fol. en larg. par Schwarz, d'après Palmaiseau.

Epreuve coloriée.

PARISET (J. M.)

67. Bacchantes.

Epreuve avant la lettre, coloriée.

RUBENS (d'après P.-P.)

68. La Mise en croix, grand in-folio. A Paris, chez J. S. Chereau.

SCHALL (d'après Fr.)

69. Le Modèle disposé, par Alex. Chaponnier.

Belle épreuve, marges.

SCHARF (G.)

70. Representation of the election of Members Parliament for Westminster 1818, gravé par Robert Hvell and son.
Belle épreuve coloriée.

SINGLETON (d'après H.)

71. L'Amusement champêtre, par A. Legrand.
Belle épreuve imprimée en couleur.

SPORTS (Pièces sur les)

72. Fox Hunting, d'après Gilpin et Barrette. — The Landscape by J. Maurris, the figures by F. Bartolozzi.
Belle épreuve.

73. Hawking, par Maurris, d'après Gilpin.
Belle épreuve.

THOUVENIN

74. L'Amour enchaîné par les Grâces. — Les Grâces enchaînées par l'Amour. Deux pièces faisant pendants, d'après T. G. P.
Epreuves imprimées en couleur.

VAUTHIER (d'après)

75. L'Elégance. — La Prétention. Deux pièces par Bertrand et Lefèvre.
Epreuves imprimées en couleur.

VISSCHER (J.)

76. Adam et Eve.
Epreuve encadrée.

VUES

77. Vue panoramique de la Ville de Rome. In-fol. en larg. par Schwarz.

78. Vue panoramique de la Ville de Vienne (Autriche). In-fol. en larg., par Schwarz. Epreuve coloriée.

79. Vue de Constantinople, prise de la Mer de Marmara. In-fol. en larg., par Schwarz.
Epreuve coloriée.

WESTALL (d'après A.)

80. Les Bergers écossais. — L'Enfant en Nourrice. — La Séparation douloureuse. — La Visite du Pasteur. Suite de quatre pièces gravées par A. Cardon.
Belles épreuves imprimées en couleur.

WOOLLETT (N.)

81. A Wiew of the Garden at Carlton House in Pall Mall a Palace of her Royal highness the Princess Dowager of Wales. — A Wiew of the house and part of the garden of his grace the Duke of Argyl at Whitton. Deux pièces coloriées faisant pendants.
Epreuves coloriées.

DIVERS

82. Sous ce numéro, il sera vendu par lots, environ deux cents gravures, lithographies, dessins, miniatures, tableaux, etc., dont : Les Grimaces de Boilly, Portraits pour l'Affaire du Collier et sur la Famille Bonaparte, gravures d'après Fragonard, Le Prince, Baudouin, Vernet, Debucourt, etc., etc. Collection des Papes.

DESSINS & AQUARELLES

83. *Anonyme.* Artilleur à cheval. Crayon noir et aquarelle.

84. *Augustin* (Attribué à). Portrait d'homme. Crayon noir.

85. *Bibbiéna.* Projet de plafond. Plume et aquarelle.

86. *Boucher* (d'après Fr.). Le Départ et l'Arrivée du courrier. Deux pendants, crayon noir.

87. *Boucher* (Ecole de Fr.). Vénus à la pomme. Crayons noir et blanc, sur papier gris.

88. *Boucher* (Ecole de Fr.). Habitation rustique, avec personnages. Crayons noir et blanc, sur papier gris.

89. *Carrey.* Sujets militaires pour illustrations. Neuf dessins à la plume, signés.

90. *Casanova.* Combat de cavaliers. Plume et aquarelle.

91. *Castiglione* (Salv.). La Séparation d'Abraham et de Loth. Plume et lavis, signé.

92. *Conquy* (E.). Les Joueurs de cartes. Encre de chine, signé et daté.

93. *Desrais* (Genre de). Costume de femme. Aquarelle.

94. *Desrais* (Cl. L.). Une Noce au Village. Quatre charmants dessins à la plume et lavis de sépia.

95. *École anglaise.* Maria. (Voyage sentimental de Sterne). Crayon noir sur parchemin.

96. *Ecole française, XVIIe siècle.* Marie-Madeleine. Gouache, cadre ancien.

97. *Ecole française, XVIIe siècle.* Cheminée monumentale, époque Louis XIII. Plume et lavis.

98. *Ecole française, XVIIIe siècle.* Le Retour de la chasse. Plume et aquarelle.

99 *Ecole française.* Portrait du général Comte de Rochechouart, du régiment de Navarre. Pastel ovale.

100. *Ecole française.* Enlèvement d'Europe. Plume et lavis sur papier bleu.

101. *Ecole française.* Portraits d'homme et de femme. Profils ovales au crayon noir, rehaussé de pastel.

102. *Ecole française.* Portrait d'enfant coiffé d'un chapeau à plume. Crayon noir, rehaussé de pastel.

103. *Ecole française.* Portrait de Gresset, 1765. Plume. Cadre ancien en bois sculpté.

104. *École française.* Portrait de femme. Pastel ovale.

105. *Ecole française.* Projet d'Arc de Triomphe. Plume et lavis.

106. *Ecole française.* Canapé, époque Empire. Aquarelle.

107. *Ecole française.* Projet d'Arc de Triomphe. Plume et lavis.

108. *Eisen* (Genre de Ch.). La Vérité. Sujet pour décoration. Plume et sanguine.

109. *Grandville* (J.-J.). Composition satyrique contre des Jurés. Plume.

110. *Greuze* (d'après). Le Baiser envoyé. — Jeune fille tenant un oiseau. Deux pastels ovales.

111. *Guérin.* Pastorales. Deux dessins au crayon noir rehaussés d'aquarelle. Un est signé et daté 1770.

112. *Gérôme.* Joueuse de Mandoline. Sanguine, signée.

113. *Hugon* (P.-L.). Façade avec portique. Plume et lavis, signé.

114. *Isabey* (Eug.). Barques de pêche. Crayon noir signé.

115. *Inconnu.* Tète de Vieillard. Pastel.

116. *Jacque* (Charles). Mouton et poule. Pastel, signé des initiales.

117. *Jeaurat* (d'après). Le Déjeuner. Aquarelle gouachée.

118. *Job.* Bonaparte. — Grenadier de la Garde. Deux dessins à la plume rehaussés, signés.

119. *Job.* Cavaliers Louis XV. Plume rehaussé, signé.

120. *Job.* Marins et Voltigeurs. Deux dessins, plume et aquarelle, signés.

121. *Job.* La Retraite de Russie. — Chute de cavaliers. Deux dessins à la plume, signés.

122. *Kauffmann.* Dix dessins pour illustration. Plume, rehaussée, signés.

123. *La Londe* (de). Statue et torchère. Plume et lavis.

124. *Lancret* (Nic.). Etude de femme en pied. Sanguine.

125. *Léoni* (Ottavio). Portrait de femme. Crayon noir rehaussé de blanc, sur papier gris.

126. *Le Coultre* (M.). Deux dessins pour illustration. Plume rehaussé, signés.

127. *Loevy* (E.). Cinq dessins pour illustration. Plume et encre de Chine, signés.

128. *Marais* Cl.). Enlèvement d'Eurydice. Plume et lavis, signé et daté 1769.

129. *Meissonier* (E.). Huit croquis. Clichés glace.

130. *Métivet* (L.). Louis XI au Mont Saint-Michel. — Sujet d'illustration. Deux dessins, plume et lavis. Signés.

131. *Monvadet* (A.). Le Tir du canon à bord d'un Cuirassé. Plume et lavis. Signé.

132. *Nattier* (J. M.). Portrait de Mme de Stainville. Sanguine. Cadre ancien en bois sculpté.

133. *Ornement.* Grille en fer forgé. Plume et aquarelle.

134. *Ozanne* (Attribué à). Pêcheurs. Crayon noir et lavis.

135. *Pelletier* (L.). Paysage animé de figures. Aquarelle signée.

136. *Picart* (Attribué à B.). Char monumental. Projet pour orfèvrerie. Plume et lavis.

137. *Pille* (Henri). Sujets pour illustration. Quatre dessins à la plume.

138. *Redon* (Georges). Trois dessins à la plume pour illustration. Plume et lavis. Signés.

139. *Regamey* (Félix). Seize dessins à la plume pour les Fables de Lafontaine. Plume. Signés des initiales.

140. *Réni* (Attribué à Guido). Tête de femme, aux crayons de couleur.

141. *Robert* (H.). Jeune garçon grimpant à un arbre. Pierre noire et sanguine.

142. *Robert* (Ecole de H.). Temple en ruine avec personnages. Gouache. Cadre en bois sculpté.

143. *Robida.* Six dessins pour illustration. Plume. Signés.

144. *Rubens* (Ecole de P.-P.). Encadrement de fleurs. Sépia.

145. *Saft Leven* (H.). Paysage avec rivière. Crayon noir et aquarelle. (Cachet de Collection).

146. *Saint-Aubin* (Attribué à G. de). Scène de ballet. Sanguine. Cachet de collection.

147. *Sergent.* Portrait du Prince de Condé. Aquarelle signée.

148. *Silvestre.* Un Cuirassier. Aquarelle signée.

149. *Veyrassat* (J.). La Dernière gerbe. Aquarelle signée.

150. *Veyrassat* (J.). Laveuse. Crayon noir sur papier bleu, signé.

151. *Wattier* (E.). Bonaparte au pont d'Arcole. Sépia, signée des initiales E. W.

152. *Worms* (J.). Sujet pour Don Quichotte. Plume et lavis d'encre de Chine, signé.

153. *Zuccaro.* Projet de frise. Sanguine et lavis.

154. *Stéphen Martin.* Dessins originaux pour vitraux et décorations artistiques, gravures anciennes et modernes. (Sera divisé).

MINIATURES

155. Deux femmes en pied entourant des armoiries. Miniature sur parchemin.

156. La Souricière. Encre de Chine et carmin. Genre de Klingstedt.

157. Portrait d'homme époque Louis XIV. Miniature sur cuivre (XVIIe siècle).

158. Portrait de Madame de Montespan. Miniature sur cuivre (XVIIe siècle).

159. Portrait d'homme sur boîte ronde. Epoque Louis XVI.

160. Portrait de femme avec mantelet garni de fourrures. Epoque Louis XVI.

161. Portrait de femme en robe bleu décolletée. Epoque Louis XVI.

162. Portrait de femme époque Louis XVI. Miniature sur toile.

163. Portrait de femme, costume Louis XVI. Cadre ivoire.

164. L'Amant pressant, sur boîte ronde en ivoire.

165. Vue d'un port, fixé sur verre. Attribué à *Delioux de Savignac* (vers 1780).

166. Portrait d'homme, habit bleu et rouge. Epoque Directoire.

167. Portrait d'homme, de profil, sur boîte ronde. Epoque de la Révolution.

168. Deux sujets en médaillons, danse et scène de cabarets. Epoque de la Révolution.

169. Portrait d'une Princesse Russe. Signé: *Lagrenée* (vers 1800).

170. Portrait de Napoléon 1er. Etude inachevée, attribuée à Isabey.

171. Portrait de femme, époque du premier Empire. Signé : *Berny d'Ouville.*

172. Portrait de femme, robe décolletée, coiffure à plume. Signé *R. David* 1806.

173. Portrait d'homme tenant un violon. Signé : *Mlle L. Demarcy, 1823.*

174. Portrait d'homme, Ecole anglaise. Signé : *A. F. Blyth*, 1823.

175. Portrait de femme. Epoque de 1830.

176. Portrait d'homme, époque 1830. Habit noir et cravate blanche.

177. Portrait de femme, époque 1830. Signé : *Dubourjol.*

178. Portrait de femme en robe décolletée. Signé : *Delaplace* (vers 1830).

179. Portrait de jeune garçon, Ecole anglaise. Signé : *Trémille*, 1833.

180. Ève et le Serpent. Très petite miniature signée : *Mauro-Mari* (vers 1880).

181. Miniatures par J.-B. Isabey et Singry. Dessins à la plume et à la mine de plomb. Croquis sur gélatine et papier végétal. Lithographies. Le tout provenant de la famille des artistes. (Sera divisé).

TABLEAUX

AMOROSI (Attribué à ANT.)

182. Halte de paysans.

Toile. Haut. 0,48. Larg. 0,60.

ANONYME

183. Louis XVI Roi de France.

Bois. Haut. 0,23. Larg. 0,17.

BERGHEM (Genre de Nic.)

185. Paysage montagneux.
Toile. Haut. 0,82. Larg. 1,10.

BOREL (d'après)

184. L'Indiscret.
Toile. Haut. 0,45. Larg. 0.38.

ÉCOLE DE 1830

186. Un corps de garde.
Toile. Haut. 0,80. Larg. 0,53.

ÉCOLE HOLLANDAISE

187. Corbeille de fleurs.
Cuivre. Signé des initiales V. K.
Haut. 0,19, Larg. 0,25.

ÉCOLE FLAMANDE

188. Nature morte.
Toile. Haut. 0,46. Larg. 0,53.

ÉCOLE FRANÇAISE XVIIe SIÈCLE

189. Télémaque dans l'Ile de Calypso.
Toile. Haut. 0,63. Larg. 1,10.

190. Archange tenant une fleur.
Cuivre. Haut. 0,16. Larg. 0,13.

191. Portraits du Duc et de la Duchesse de Bourgogne.
Toile. Haut. 0,39. Larg. 0,31.

ÉCOLE ITALIENNE

192. La Vierge et l'Enfant.
Toile. Haut. 0,72. Larg. 0,57.

INCONNU

193. Mater Dolorosa.
Toile. Haut. 0,45. Larg. 0,37.

VALLIN (Genre de)

194. Femme couchée. Médaillon. Cadre Empire.
Diam. 0,09.

VAN DAEL (Genre de)

195. Bouquet de fleurs.
Toile. Haut. 0,60. Larg. 0,48.

OBJETS DIVERS

196. Almanachs de 1815 à 1820, in-18 en maroq. avec figures. 5 vol.

197. Reliure ancienne en maroq. rouge, large dentelle aux armes d'un cardinal.

198. Reliure en maroquin rouge in-folio, dos orné, époque du Premier Empire.

199. Deux portefeuilles en maroquin avec serrures.

200. Volumes non catalogués.

GRANDE IMPRIMERIE DU CENTRE. — HERBIN, MONTLUÇON

www.ingramcontent.com/pod-product-compliance
Ingram Content Group UK Ltd.
Pitfield, Milton Keynes, MK11 3LW, UK
UKHW022145260726
13993UKWH00005B/2158

9 782329 498126